KB018201

백당 김기진 제3시집

어린 바다

이 시집은 광명시 문화예술발전기금으로 제작되었습니다.

자서

　제2시집 『한강』을 발행하고 5년이 되었습니다. 차일
피일 하다가 이렇게 늦어진 3집을 내게 됨은 게으른 탓
도 있지만 좀 더 좋은 글을 발표하려다 선뜻 발표하지
못했습니다. 하지만 지난 5년은 시와 더불어 살아온 것
은 사실입니다. '詩歌흐르는서울' 낭송 회를 회장직을 7
년간 맡아오면서 많은 문인을 만난 것이 큰 소득 이었습
니다.

　황금찬 선생님의 문학관 건립 임시 위원장과 선생님
백수연, 상수연 송수집을 발간했으며 지난 4월 8일에는
선생님을 유택에 모시게 되었습니다.

　1017년 1월부터 월간 동인 시집 『詩歌흐르는서울』
을 발행하여 9월로 9호가 나오게 된 것도 잊을 수 없습
니다. 참으로 숨 가쁘게 흘러간 5년입니다. 이제 '詩歌흐
르는서울'의 회장님을 영입하여 큰 힘을 벗어 동인지 발
간에 힘을 쓰고 있습니다. 조금은 시간적 여유를 얻어
지금까지 쓴 작품을 묶어 부족한 대로 내놓기로 마음먹
었습니다.

　문우님께 2017년 9월 우거에서

2017년 9월
柏堂 김기진시인

차례

1부 어린 바다

어린 바다 ……………………………………………14
몇 번 그러 할 수 있을까 ………………………15
나 ……………………………………………………16
벗은 나 ……………………………………………17
이름 …………………………………………………18
내가 쓴 글들은 …………………………………20
잃어버린 바다 ……………………………………21
자존심을 허물고 …………………………………22
대추나무에 걸린 비밀 …………………………23
잊을 수 없네 ……………………………………24
외할매 Ⅱ …………………………………………25
늪 ……………………………………………………26
바람 …………………………………………………27

2부 봄의 완성

봄의 완성 ······························30

슬픔 ··································31

송암 선생 어머니 ······················32

점이 선상에서 ·························33

6월 19일에 ····························34

민성철民性哲 교수 ······················35

그리운 바다 성산포 ····················36

정 ····································37

석문 ··································38

어떤 여인 ·····························40

바람개비 ······························41

어디 만큼에 있을까 ····················42

그는 지금 거기 있겠지 ·················43

3부 방명록

5계절의 풍경화 ································46

허드슨 강가에서 ·······················47

숲가家에 하루 ··························48

2016년 4월 20일 맨해튼 ··············49

새벽을 안고 ····························52

크루즈 ·································53

푸른 잎 ·································54

방명록 ·································56

하늘에서 쓴 시 ·························58

버뮤다(Bermuda) ·····················60

4부 내 사랑 푸른 별

내 사랑 푸른 별 ····························64

사랑의 시를 쓰고 싶은 날 ·················66

행복은 증발하는 습성이 있다 ···········67

삶은 죽음과 함께 태어난다 ···············68

영 이별 ··69

마법의 창 ·····································70

뻐꾸기의 음모 ·····························71

이탈 ···72

신神 ··73

안부가 궁금하다 ···························74

그 열매를 향유하고 있는 우리 ··········75

5부 가을은 만지면

가을은 만지면 ……………………………………78

가을 ………………………………………………80

담쟁이 ……………………………………………81

길상사에서 ………………………………………82

발에 걸린 인연 …………………………………84

황금색 ……………………………………………85

느티나무 이야기(느티나무 분재를 보며) ……………86

더덕구이 …………………………………………87

해원日圓 …………………………………………88

무게 ………………………………………………89

예비자 ……………………………………………90

마지막 장미 ……………………………………91

희망 슈퍼 ………………………………………92

눈 내리는 사도감 공원 …………………………93

6부 비 오는 날의 앙상블

비 오는 날의 앙상블 ························96
신 ·····························97
그런 날에 ···························98
맹구 ····························99
훔칠 뻔했다 ························100
처음처럼 하소서 ·····················101
업보 ····························102
파편 ····························104
흰 그늘 ···························105
뚫었다 ···························106
비데 ····························107
양귀비 ···························108
수직과 평행 ························109

7부 벼룩시장 골프채

벼룩시장 골프채 ··112
벼룩시장 ··113
동묘역 ··114
늙은 라디오 ··115
두물머리 ··116
담쟁이 사화 ··117
경상우도병마절도사 송암 김면 도대장 ······························118
아직도 못 잊어 그 계집아이 ··119
불명예 ··120
잘못 ··121

8부 일월

일월—月 ································124

우리 ································125

태초의 우주인 ························126

그날 ································127

희망 ································128

기다림 ································129

앙다문 예절 ··························130

감 ································131

가을 편지 ····························132

길 ································133

무료無料 ····························134

부러운 것 ····························136

은빛 ································137

곰 ································138

꽃바람 ································139

《한마디》 ····························1401

1부 어린 바다

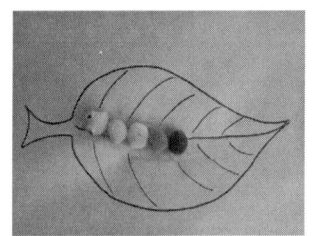

어린 바다 16

몇 번 그러 할 수 있을까 17

나 18

벗은 나 19

이름 20

내가 쓴 글들은 22

잃어버린 바다 23

자존심을 허물고 24

대추나무 가지에 걸린 비밀 25

잊을 수 없네 26

외할매 27

늪 28

바람 29

어린 바다

나의 어린 바다는
아침 나라에 살고 있고
나는 저녁 나라에 살고 있다

아침 나라를 만나려면
어린 바다는 저녁이 되었다

해와 달처럼
서로의 나라에서 손짓하지만
손 한 번 만져 보지 못했다

천일 천상에 빌어
하늘에 길을 내어
어린 바다의 나라로 가봐야겠다

가서 싱그러운 내음 맡아 보고
살갗을 비비고
어린 바다를 내 품에 넣어야겠다

2015. 12. 19.

몇 번 그러 할 수 있을까

아침과 저녁이 만나
아침 먹었냐 물으면
저녁 먹였냐 묻는다

아침과 저녁만큼의
거리에 살고 있지만
자주자주 보며
이야기도 하지만

등 한 번 다독여줄 수 없고
눈물 한 번
닦아 줄 수 없다

화상에 대인 상처 화끈거려
모르핀을 삼키며
잃어버린 향훈香薰을 찾는다

금조가 천 년에 한 번 울 듯
십 년에 한 번은 안아볼 수 있을까
몇 번 그러 할 수 있을까

201 5.12. 18

나

계곡 속에 안주했던
적막한 시간들이
짓눌린 인력에 허물어져 내렸다

노오란 빛이 도를 높일 때까지
몸부림을 떨었지
공허를 그렇게 들이킨 후에야
기지개를 펼 수 있었지

찰나 전에는
삭아져 가던 긴 사이를
눈치 채지 못했지
그래 그래 포박 당했던 시간들

2015. 07. 16

벗은 나

내 세상 처음 만나던 날
벗은 나로 왔지

벗은 난
겁도 부끄러움도 입지 않고
죄도 벗었지

아담과 이브도 벗고
나도 벗고
법도 벗고 양심도 벗고
맑아서 가벼웠지

입은 난
죄도 탐욕도 입어
섬뜩 무겁다

2015. 02. 11

이름

태어나 빛보다 먼저
하늘의 소리가 들려왔습니다
내 이름을 불러주는
굵고 낮은 소리
아주 다정한 소리였습니다

눈을 떠 첫 대면의 어머니도
아름답고 감미로운 소리로
내 이름을 불렀습니다
나의 걸음마를 재촉하며

머리칼 하얀 외할머니도
낯 모를 먼 친척들도
그리 호명 하였지요

어떤 이는 나의 단명을 걱정하며
덕스런 이름을 베풀려 하였고
고명한 선인이 있었다며
개명을 요구하여
백당을 앞에 썼더니
뒤에 쓰라고도 하였지만

나의 이름은
아버지께서 내게 주신 귀한 이름입니다
그 이름으로
아버지의 아들이 되고 내가 되었습니다

족보에도 올리고
내 청첩장에도
딸 아들 청첩장에도
시에도 시집에도 썼지요

이젠 이름이 나보다 나입니다
흰 가루로 날리어도
물굽이에 흘러도 남을
내 귀한 이름 김기진

2011. 10. 07

내가 쓴 글들은

검색창에 내 이름자 쳐넣고
카페며 블로그며
한참을 찾다 보면

이런 글도 썼었구나 싶은
오래된 글들이
반갑다

쓰기를 놓은 훗날
저들대로 떠돌며
누구의 가슴을 스치고 있을까

2010. 11. 19.

잃어버린 바다

한 세기 거리에도
향을 감지할 수가 있다

미미한 희망을 즐기며
미풍에 실려 온 생 즐겁다

내 초록빛이 평가되어
느낌이 좋다

내 뿌리를 잃었다면
얼마나 쓸쓸하고 민망할까

잃어버린 바다에
낚싯줄을 드리운다

2015. 11. 19

자존심을 허물고

적당히 순수하고
적당히 때 묻은 내가

하나 남은 순수한 너에게
너만을 순수하기를 바라는
나의 이기심에서

너를 힐난하고
너와 결별한 몇 년

너와 멀어져 가는 발길은
어느새 너에게로 향하고 있다

나보다 나를 더 이해해 주던
너를 잃고
고독의 한기에 떨며
나의 자존심을 허물고

2015.1.25. 철에게

대추나무에 걸린 비밀

그와 나 사이
비밀을
너에게만 이야기하고

또
바람 밭에 이야기했지

어쩌면
대추나무 가지에
어쩌면
논둑 풀섶에 뒹굴지 몰라

2015. 02. 05

잊을 수 없네

외할매 무덤은
바위굴 풀숲에 있고
외할매 그렁한 눈은
내 가슴에 있네

많은 날들
손자가 손자를 낳아도
외할매의 그 사랑은
잊을 수 없네

2010. 04. 26

외할매 Ⅱ

오늘도 텃밭엔
외할매가 계신다

눈 어둡고 등 굽은
호호백발 외할매가
지팡이 기대

곶감 대추 싸 두었다
나만 내어주고
목양말 신겨 주시던

오늘도 내 눈밭엔
그렁한 모습으로
외할매가 계신다.

2009. 01. 11

늉

미끄덩기리는 동혈 속
똬리 말아 감고
혐오스런 김을 뿜어내며
삐집고 나오려 한다

삼십 육개 석주를 박고
경보기를 달고
입구를 닫아 덮어도
방심을 헤집고 탈출을 시도 한다

대충 놓아주고 싶기도 하지만
쌓고 보태 악취를 퍼트리며
혼간混姦의 돌연변이
새끼를 치고
탁란托卵을 손잡고 몰려온다

욕의 머리를 비틀어 늉 해야겠다
사전에도 신계의 문장에도 없는
태초의 없는 무욕의 말

늉

2015. 12. 14.

바람

많은 바람
내게로 와
머물지 않고

나는 또
그 바람
기다립니다

2015. 01. 19 김광한 모임에서

2부 봄의 완성

봄의 완성 32

슬픔 33

송암 선생 어머니 34

점이 선상에서 35

6월 19일에 36

민성철民性哲 교수 37

그리운 바다 성산포 38

정 39

석문 40

어떤 여인 42

바람개비 43

어디 만큼에 있을까 44

그는 지금 거기 있겠지 45

봄의 완성

작년에도 봄이 왔고요

올해도 봄이 왔습니다

내년에도 봄이 오겠지요

봄의 완성을 이루십시오.

2013. 09. 02 황금찬 선생님께

슬픔

누가 슬픔을 버릴 수 있느냐
섬뜩한 가슴을
그 비탄悲嘆의 존재存在를

너의 창에 불이 꺼지고
영화를 볼 때
눈물 괴어 범람氾濫하였고

까닭 없이 눈물 쏟아지던 날
별 하나 떨어져
나의 품에 염정炎井을 팠다

반세기를 눌러 삭히어도
등골을 쑤셔 아리던
저며 오던 날선 기억들

윽박지르던 무게의 억압을
편한 듯 푸는 것은
먼 길을 보고 있기 때문일까

2013. 10. 04
도봉구 쌍문동에 있는 Into Coffee에서
황금찬 선생님 말씀 하시던 아픈 이야기를 쓴 글입니다.

송암 선생 어머니

송암 선생 어머니는 구십 삼세시다
구십 삼년 자셔서
귀까지 자셨다

식구들 말에
싱긋 웃으시면
못 알아들으신 게다

들으시라. 큰소리치면
마르티지 환희가
으르렁거린다

저런 어머니
가시고 나면
큰소리친 불효를 어찌 할까

2013. 10. 17.

점이 선상에서

자정 빛이 흐려진
달 아래

쥐눈이 점이
긴 선을 끌어와
가슴 속에 닿아

구십 여섯 개의 고리를 닦는다
아리던 점이 선상에서

2016. 09. 11

6월 19일에

유명 교수는
성스런 이야기를 하고
여인은 깔깔거리며 웃었다

남자 2는
자꾸만 칭찬을 받아 마시며
콧등을 붉히고
한 여인은
해원日圓의 값이 무거웠다

남자 3은
섶 여의 생의 모퉁이를 기웃거리며
씨 없는 말들을 만지작거리며
한 주먹의 뻥튀기를 입 안으로 몰아넣었다

인류학이 깊어질수록
웃음은 더욱 진지해지고
6월 19일에 밤은 붉어 갔다

2013. 06. 19
해원日圓 : 나이테
섶 : 옆의 (평안 함경 방언)

민성철民性哲 교수

민성철 교수의 강의에는
옥따비오 빤스가 있고
클리토리스토텔레스가 있다

죽으려 꿈틀대는
수직이 있고
평행의 와이가 있다

작살처럼 직선으로만 찔러오는
발가벗은 언어들

짜릿한 희열이
위험 수위처럼 절정을 엿보게 하고

투명한 수직의 거침없는 속내
수직과 평행의
학술적 개론이 있다

옥따비오 빤스는
옥따비오 빠스의 오타고
클리토리스토텔레스는 오역이다

2013. 07. 02.

그리운 바다 성산포

그리운 바다 성산포가
사라져 버렸다

순풍에 돛을 달고
성산포에 갔다가
그리운 바다 성산포를 만났다

그 그립던 바다 성산포가
내게로 다시 왔다

옛 친구 만나듯이 반가워
꼭 잡고 옛이야기 들었다

2014. 05. 01

정

"저 선생님과 정이 든 것 같아요"
"나도 그래"

정 때문에 시를 쓴다는
이생진 선생님과
정이 들어서

나도
시를 씁니다

2014. 06. 27

석문

주인의 손길 띠난 폐기에
부드러운 석문이 아린 시간을 덮고
웃자란 숲
빗장처럼 걸려있다

온전한 판도라 상자
거부된 밀폐
아서의 칼 자욱이 선명하다

제로섬 개임 치르던
숫한 생명들
쓸어져 피 흐르던 날들
전쟁의 기억들이 석궁 안에 잠들고

주공의 깃발 문루에 꽂이는 날
갈망하는 석문
곰삭은 거웃향이 후비 듯 진하다

울컥 울컥 뜨겁게 쏟아 올리던 간헐천
휴화산 용암이 꿈틀되리라
두드려 열지 않은 것
사실의 편차가 깔밋하다

밀면 스스로 열릴까
절대 환희가 존재하고 있지 않을까
틈을 비집고
비틀거리는 시간을 희롱한다

2014. 03. 22

어떤 여인

늘어진 드레스를 입고
화장기 없이
대충 슬리퍼를 신고 나와도
상큼하게 느껴지는 여인

편하게 다가와서는
팔을 걸쳐 올 때도 있지만
시인을 가르치며
존경을 보내오는 여인

찌릿하게 풍기는 말가시며
배반도 잊은
천진한 눈빛이 습한 여인

기획된 만남은 아니어도
여분의 시간에 만나
저녁 값이며 커피 값을 지불하며
시간을 계산하지 않는 여인

2013. 06. 07

바람개비

극점과 영점의
대치 전선에
빛을 유실한 하늘빛이 무겁고

열을 삭히며 휘몰아치는 회오리에
비척비척 맞서며 탈출을 꿈꾸지만
중심을 이탈하지 못 해 돌아 않고

난폭을 거세당한
몇몇 사내들이
욕망을 질질 흘리며 돌아갔지만

거듭 일으키는 자전은
간헐천의 뻗치는 극치를 갈구해
비린 맛 핥으며 웅담을 씹는다

허기처럼 찾아드는 거북한 바람
돌다 돌다 재워 도는
홀로 도는 바람개비

2013. 09. 19

어디 만큼에 있을까

그는 이디에 있을까
신도 알 수 없는 미로 속
어디 만큼에 있을까

망량輛輛의 삶은 어지러운데
족쇄로 채워진 채
탈출을 꾀하지만

공간에 포위되어 초가楚歌를 들으며
스스로 채운 사슬
육신을 조이고

희구도 충동도 늘어뜨리며
시린 생을 끌고 있을까
어디 만큼에 있을까

2016. 01. 29

망량輛輛 : 바퀴 달린 수레
초가楚歌 : 초나라 노래(적에게 포위되어 고립된 상태)

그는 지금 거기 있겠지

그는 지금 거기 있겠지

허한 아픔을 만지작거리며
쓰라린 가닥을 뜯어내며
빛을 구하고 있겠지

근접할 수 없는 비거리
확인할 수 없는 등급
큐피드의 심장이 비틀거린다

완전히 오늘을 발효하여 삭혀
떫은 생을 우려내
내일의 근원을 마련하겠지

그는 지금 거기에 있겠지

2016. 02. 02

3부 방명록

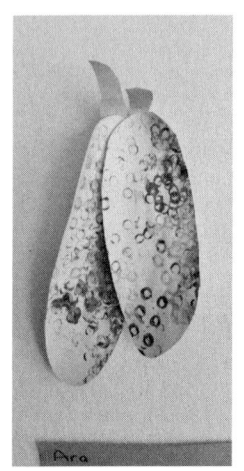

5계절의 풍경화   48

허드슨 강가에서   49

숲가家에 하루   50

2016년 4월 20일 맨해튼   51

새벽을 안고   54

푸른 잎   56

방명록   58

크루즈   60

버뮤다(Bermuda)   61

하늘에서 쓴 시   62

5계절의 풍경화

엘버트로스를 타고
어린 바다의 나라로 날자
거기도 해가 뜨고 달 지는 지

날마다 보낸
수많은 해와 달들
와륵 와륵 빛내고 있을까
달 아래 은은히 빛을 머금고 있을까

봄도 여름 가을도 겨울도
수없이 보낸 곳
꽃과 새싹 열매 단풍과 눈
신비한 5계절의 풍경화 볼 수 있을까

2016. 04. 19

허드슨 강가에서

푸른 하늘 푸른 바다
푸른 동화 나라를 지나
하얀 얼음 하얀 구름
온통 하얀 백곰의 나라지나
어린 바다가 살고 있는 아침 나라에 왔다

아침과 저녁의 거리를
앨버트로스의 날개 위에
뒤틀리는 시간을 짚고
단번에 뛰어 왔다

달콤한 초콜릿 한 봉지
루나의 인형
모심慕心을 가득 채운 풍선
레바논의 60불로 지급하고

와락 달려와 눈물 안겨 주는
어린 바다의 싱그러운 내음 비벼대고
허드슨 강물에 함께 손 담궈
천만년 후에도 손잡고 흐르게 하였다

2016. 04. 19.

숲가家에 하루

여명이 배이 있는 숲에
이른 새벽을 열고 뒤뜰을 뒤적였다

두터운 어둠이 숲을 떠나지 않고
녹빛 나뭇잎도 늦잠을 잔다

오늘은 사슴가족이 오지 않았다
정오를 당기는 잔디밭은 싱싱한 기운
한 빛 하늘엔 독수리 날개 높다

어린 바다는 할아버지 잡으라 뛰다
잔디밭에 넘어져 울먹이고
안아 올려 싱그런 내음 비볐다

초면의 과일들이 수상한 맛을 당기고
서울 포장마차 같이 가자고 어깨에 기대오는
작은애와 손가락 걸어 잠그고

베어 마운틴을 끼고도는 허드슨 강가를
오픈카로 드라이브 시켜준 서량과
술잔을 부딪치며 깊은 밤 아쉽기만 했다

2016. 04. 24

2016년 4월 20일 맨해튼

아시닝에서 맨해튼으로 가는
허드슨 강가로 난 기차창가에
아들 며느리와 마주앉았다

한 시간 남짓하여 도착한
맨해튼 역에서 커피 한잔 사들고
사진 한 장 찍고
웨스트 44번가 높은 빌딩을 쳐다보며
나이가 많아 보이는 빌딩과 만났다

태극기 꽂지 않아도
우리는 대한민국
빌딩마다 성조기를 꽂아
USA를 강조하고 있었다

부자 아버지를 두지 못 한
록펠러 재단 앞에서
세상의 귀로 양심의 소리를 듣고

욕처럼 솟아 있는 트럼프타워 빌딩
트럼프로 땄을까
그 앞에는 욕 중계차량이
이쪽저쪽을 점령하고 있었다

포장마차에서 핫도그를 사
분수대 앞에서 먹고
애플 매장에 들러
신비한 기기들을 만났지만
주머니가 작아 담지 못했다

센트럴파크 입구 조화가 장식된 마차엔
50불이라는 팻말이 적혀 있고
마부는 5불씩 내려준다고 선심을 썼다

센트럴파크를 돌아 나와서는
스포츠 카페에서 스테이크를 시키고
흑맥주도 한 잔 했다

카네기홀 팻말 앞에서
두근거리는 가슴 달레면서
이 무대에서 "詩歌흐르는서울" 낭송회를
멋지게 열고 싶었다

스퀘어가든 화려한 광고판에는
엘지도 현대도 삼성도 번쩍 이고 있었고
트럼프의 지지자가
욕스럽게 벌거숭이로 기타를 치고 있었다

맨해튼의 노숙 강아지는 배고픈 걸인을 대동하고
영어 팻말을 유식하게 걸고
달러만 받고 있었다

디즈니 매장에서 손녀에게 줄
바비인형을 샀다
어제 달려와 준 감동을 또 한 번 기대하면서

유치원에 들렀더니
어제 사 준 인형을 안고 자더란다

또 와락 달려와 안겼다

오늘을 준비 못 했으면 얼마나 멋적었을까
잘했구나 잘 했구나 하면서 인형을 주었더니
천진한 표정이 값졌다

어떤 이는 조국이 부끄러워 일본어를 썼다지만
한복을 입고 맨해튼 거리를 활보했다

한국은 스트롱하단다
내가 만난 점원마다 몇 마디 모국어를 알더라
2016년 4월 20일은 꽉 찬 하루였다

새벽을 안고

새벽을 흰아름 안고
숲을 뚫고 난 길을 따라
허드슨 강변을 돌아 베어스브리지를 건너
나이아가라로 향했다

고향으로 데려 온 팝들은
신이 나서 떠들어 대고
긴 코스는 모두 다 초면 이었다
여덟 시간을 달려도 여전히 뉴욕

크루즈를 타고 가까이 갈 수록
굉음을 뿜어내는 비천의 입김이
눈을 뜨지 못하게 달려들고
소용돌이 속으로 빨려 들어가는 크루즈는
자제력 계산을 못하는 듯하였다

괴물의 용혈에서 벗어난 사람들마다
만족을 한 입 가득 물고 있었다

구름다리를 건너 단풍 낙관을 찍고
또 다른 이국에서
쉐라톤 창문 정면으로 웅장한
나이아가라를 맞이했다

크루즈

초롱별이 소나기처럼 쏟아지는 창가에
새벽 속으로
16층 아파트를 대서양 가운데로 몰아넣었다

이 도시의 인구는 칠천 명
7할은 즐기는 사람들
3할은 즐거움을 준비하는 사람들

달콤한 솜씨들이 전시되어 있고
갖가지 향기의 색이 구미를 날름거리는
즐기는 사이에 규실은 뽀송하다

눈 뜨면 즐길 거리를 주문하고
다양하고 기묘한 사람들과 인사를 나누며
수평원의 정점 우리만의 도시

해가 뜨고 지고 다시 떠도
수평원의 원점
알 수도 없는 곳 알 필요도 없는
시간마저 의미가 없는 곳

2016. 05. 02

푸른 잎

봄맞이 산림이
노란 조작鳥雀처럼 노닥거리는
울 없는 목조 삼층집 텃밭엔
사슴 발자국 선명하고

삼층에는
안내의 거처가
마련되어 있었다

노을빛이 참으로 곱다는
서향 방에서
아침 나라의 아침 맞이
조급하다

여기서 사슴의 무리를
만날 수 있을까
딱따구리 짖는 소리
들을 수 있을까
늑대의 무리가 이 집을 포위하고
서부활극을 벌릴 수도 있을까

저녁 나라에서 날린
홀씨

바람도 흙도 설운
아침 나라에서
푸른 잎 짙게 피워내고 있었다

2016. 04. 26

방명록

숲속 나무집 뒤뜰엔
늘 고객이 끊이지 않는다

오늘은 단골손님 암사슴이 남매를 데리고 와
제 털 다듬듯 잔디밭을 다듬어 놓고
여우는 힐끔거리며 기록을 남기지 않으려 하지만
능청스런 너구리는 이리 저리 뒤적이고
토끼는 김을 매듯 클로버만 솎아낸다

좀처럼 오지 않던 그라운드덕은
풍성한 털로 구석구석 쓸고
스컹크는 항문을 앙다물고 조심스레 다녀가지만
짙은 향은 숨길 수 없다

가끔 알록이 뱀이 쥐들의 안부를 물어 오고
다람쥐는 수시로 들락거리고
청설모는 곳곳에 매복해 있다

흰개미 왕국의 용맹한 군단이
사초 숲에서 작전 훈련을 실시하고
벌들의 불법 건축물은 강제 철거되었다

매 독수리 구름높이에서 정찰하고

딱따구리는 심하게 목벽을 노크하지만
이 집 주인은 세 줄 생각이 없다

산비둘기 한 쌍이 은사시 가지에서
부리를 비비고 깃을 어루만지며
몇 번 하트를 적어 놓고 떠났다

한 빛깔 참새도 끼어들어 제 목소릴 내는데
빨강 파랑 노랑 색색의 새는 이름을 밝히지 않는다

부엉이는 높은 나무에서 눈알을 부라리며
거만스레 존재를 알리고
박쥐가 어둠을 좇아 숲속을 배회한다

오늘도 부스스 여명을 비비며
남기고 간 숨은 그림을 찾지만
대부분 그들은 수줍음을 많이 타서
내 창문에 밤을 드리워 놓고 다녀간다

가빈이 끊이지 않는 녹색정원엔
시간의 원천과 오지 않은 시간도
옛 대로 촉촉이 한 빛으로 존재한다

하늘에서 쓴 시

나는 하늘 위 구름 위에
한 순간도 멈추지 않고
소리를 앞지르며 날고 있다

3시간 6시간 9시간 12시간
가도 가도 멀기만 한 1만 2천키로

어린 바다가 사는 아침의 나라에서
아침 먹고 저녁을 먹고
저녁엔 저녁인사
아침엔 아침이사를 나누며

쌕쌕버거를 먹고
엠파이어스테이트 창문으로 맨해튼을 굽어보며
스케어가든에서 엘지도 현대도 삼성도 만났다

프랑스의 선물을 만났고
오바마는 못 만났지만
링컨은 기다리고 있었다

방문객이 드나들던
녹색 정원을 두고

케네디 공항에서 딸 사위 안아보고
검색대를 지나는데
딸은 사위 뒤에 숨고
나는 총총히 앞으로 갔다

2016. 05. 14

버뮤다(Bermuda)

대시양의 트라이앵글
7섬 버뮤다

골목마다 꽃
한 굽이 돌면 요트의 요새
한 굽이 돌면 핑크 샌드 비치

엷은 에메랄드 빛 깊은 청색
시선마다 수정같이 하이얀 집들
내가 본 가장 아름다운 곳

하지 않은 일도
이 섬에서는 다들 알고 있다는
친절한 흑인 할아버지 운전사가
다시 보고 싶어 질 것 같은
뱀도 도독도 없다는 버뮤다

여기서 피는 무궁화는 더 붉고
더 반갑다
다시 못 볼 것 같은
머물고 싶고 다시 오고픈 곳

2016. 05. 05

4부 내 사랑 푸른 별

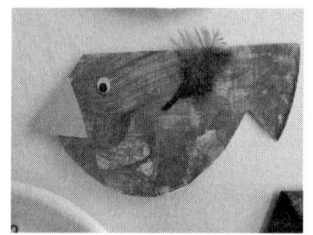

내 사랑 푸른 별 66

사랑의 시를 쓰고 싶은 날 68

행복은 증발하는 습성이 있다 69

삶은 죽음과 함께 태어난다 70

영이별 71

마법의 창 72

뻐꾸기의 음모 73

이탈 74

신神 75

안부가 궁금하다 76

그 열매을 향유하고 있는 우리 77

내 사랑 푸른 별

시랑하고 사랑받고 싶다
어머니 아버지가 사랑하고 사랑받던 별
별 중의 별 에메랄드 빛 푸른 별
죽어서도 떠나기 싫은 별

살도 뼈도 녹여
영도 혼도 바쳐
사랑 바쳐 살고 싶다
나의 탄생을 48억 년을 기다려 준 별

낙타를 타고 오아시스에 가
푸른 밤별을 건지고
말 타고 야크 타고
사마르칸트 구천에 올라 보고
독수리 타고
엔젤 비천의 아우성을 들으며
4천만 킬로를 돌아 보고 싶다

고래 등에 앉아
마리아나 만천 어둠을 더듬고
앨버트로스와 대양을 건너고
연미복 신사와 만년빙해에
눈썰매를 타고 싶다

제웅과 얼음 구멍에 얼굴 마주 웃으며
하이에나 군단과 사자 군단이
만 년 전쟁을 치루는 초원에 장군이 되고 싶다

울컥울컥 아소의 붉은 불덩이와
오올드페이스풀 뜨거운 입김
오천도 맨틀을 잠재우는 백두산을 보고 싶다

빛의 원천을 끝없이 맴돌며 볕을 뒤채며
온기를 길러 뭇 생명이 태어나 진화하는 곳
어깨 한 번 들썩이면
기묘한 꽃이 피고 단풍 들고 눈이 내리는 푸른 별

조화로운 구름 마술처럼 흐르고
푸른 춤 밤 낮 연이어 추며
골고루 뒤집어 온랭을 조절하며
태양과 달과 왈츠를 추는 별

켜켜이 쌓인 나이테에는 바다를 넣고
공룡의 족장과 맘모스의 낙관이 찍혀있는
죽어서도 떠나기 싫은 내 사랑 푸른 별

2014.11.14.

사랑의 시를 쓰고 싶은 날

절절하게 사랑해 본 적 없어
사랑의 시를 쓰고 싶은 날

휘둘리는 삶 속
어찔한 현실 속에서
사랑할 기회도

잘 난 것 없어 시도도 없고
포기가 신속迅速하다

도주도 포기도 않으면
사랑의 시 쓸 수 있을까
사랑의 시를 쓰고 싶은 날

2009. 06. 09

행복은 증발하는 습성이 있다

큰아기와 데이트를 했다
샤브샤브 쌀국수를 먹고
커피를 마시고

마주앉아
일상을 만지작거리며
영화관에 갔다

시장에서
저녁거리를 사서
요리 중이다

참 오랜 만에
행복을 먹었다

행복이라는 건
증발하는 습성 있고
대부분 짧아 두렵다

2014. 8. 19

삶은 죽음과 함께 태어난다

눈민 올려다보며
안 죽어 안 죽어 하시던
오전아즈매가 98세 12월20일에
돌아 가셨다

무의식 속에서도
간절히 소망하며 갈망하던 삶

백수白壽에 못 미친 10일을
남겨 두고
세기의 삶을 마감하셨다

얼마나 살아야
만족할까 슬프지 아니 할까

간절한 삶
죽음과 함께 태어나
슬프다

2010. 11. 10

영 이별

몇몇이
마지막 예를 표하려
기다리고 있었다

가파른 고갯길 헉헉 숨차
멈칫거리고 있었다

인사를 하고 또 해도
결국에는 이별
쉬이 다다르지 못했다

붙드는 이
애써 외면하는 이
바람만 무겁다

<중환자실에서>

마법의 창

하얀 잠자리 옷
날아갈 듯 입고
붉은 전등불 아래
천사처럼 서 있었다.

악마 꾐에 빠져
날개를 잃어버린
천사

마법의 창에 갇혀 있었다

뻐꾸기의 음모

탁란으로 버려져
진정을 모른다

본능으로 버둥거리며
은혜를 벼랑으로 밀어내며
독점만 채우는
걸구였다

제 몸보다 큰
탁자托子자를 먹이다
야위어 갔다

아름다운 깃털과
맑은 음의 노래해도
슬픈 곡조다
뻐꾹 뻑꾹 산뻑꾹 운다

2011. 03. 12

이탈

가지런한 궤도를
가끔은 이탈을 꿈꾸며
휘어지지만

숙명으로 묶인 행로는
이탈되지 않고

염원으로 엿보던
다른 길을 갔다면
내가 나일까 존재하고 있을까

이탈을 못 하여
염원하고
이탈을 못해 존재하는 나

2016. 01. 25

신神

인간이 신을 만들고
신이 두려워 불안하다

스핑크스는 피라미드는
수천 년을 미이라를 지키며
신鬼神을 기다리지만

지옥이다 연옥이다
지독한 형벌 영겁이 되어도
있기만 하다면야

사후 뉘라서 알까
있다 없다 헛되다

있다 여기는 인간의 의망意望

안부가 궁금하다

삭아 내린 철모 구멍에
민들레 노오란 빛이
붉은 바람을 기억하고 있다

조여들어 저려오는 녹슨 허리띠
서로를 겨누는 고요
공포가 무겁게 가라앉는다

누굴 겨누나
혈류의 뿌리는 하나인데
철마의 외침도 삭은 지 오래다

물 구름 바람 새
다 오가는데
우리는 안부가 궁금하다

2016 . 03. 01

그 열매를 향유하고 있는 우리

3월의 첫날 3월 1일
자주를 선포하고
봄을 바라는 청춘들이
녹색을 틔우려 만세를 불렀다

살갗을 도려내는 칼바람은
공포스럽게 대지를 덮고 있는데
함성의 대륙을 울리고
빛을 높여 시선을 모았다

기억하라 기미년 숭고히 흐르던
진홍 피의 열기를
설핀 풋꽃들 쓰러지고 밟히어
백의에 의혈이 물들어 붉었다

그 봄의 첫날에 뿌리 반세기
대한민국을 키워 세계에 으뜸 되었다
보석 같은 붉은 씨
그 열매를 향유하고 사는 우리

2016. 03. 01

5부 가을은 만지면

가을은 만지면   80

가을   82

담쟁이   83

길상사에서   84

발에 걸린 인연   86

황금색   87

느티나무 이야기(느티나무 분재를 보며)   88

더덕구이   89

해원日圓   90

무개   91

예비자   92

마지막 장미   93

희망 슈퍼   94

눈 내리는 사도감 공원   95

가을은 만지면

가을은 만지면 누른빛이 구수하고
파랗게 멀어져 가는 하늘
시린 물 흐를 것 같아 여름빛이 아쉽다

봄 빈곤은 꽃을 피우고
가을 풍요가 허무를 깨문다
때를 가리어 소신껏 떨어지는 숭고함
벗은 가지마다 쓸쓸함이 오소소 송근다

가을엔 단풍만 물드는 것이 아니다
그리움이 진해지고
고독이 깊어지고
허무도 익어 간다

목탁 소리에
우수수 흩어지며 수런거리는 낙엽
가을은 누군가를 뜻 없이 그립게 하고
그리움이 철새처럼 가슴에 날아든다

먼 산 빛이 곱게 내려와
담쟁이를 붉히고
귀뚜리 울음 가슴을 파고들며 고독을 찌르면
오래 삭은 사랑을 되새김 한다

억새는 마른 잎을 비벼 온기를 돋우고
선홍빛 감을 열구로 달아 놓아도
가을은 나날이 식어가고
붉은 낙엽 오련한 회연悔烟을 피워
깊은 명상에 빠지게 한다

느낌을 나눌 수 있는 사람과
따뜻한 갈색 커피에
달빛 섞어 마주하며
절정 속에 빠져들고 싶다

2012. 11. 08

가을

여인은
달거리

산은
넌거리

나는
생거리

2016. 01. 30

담쟁이

벽에
가을이 멈췄다

녹색을 벗은
붉은색 예쁘다

저녁은
노을 지고
벽은 가을 지고

2011. 05. 01

길상사에서

가릉빈가가 내려디보는
일주문을 지나
맵시로운 석보살님의 기도를 듣고
영춘화 휘처진 담장 길을 돌아
길상헌 뒤안에서
자야를 만났다

"내가 백석이 되어"를 읊어
천상 재희再喜를 빌어주고
법정스님 영정에 묵념 한 번 드리고
개울 따라 내려오는데

노오란 봄빛 같은 여인이
가슴으로 품어온
따뜻한 대추차를 권하여
결삭은 나무탁자에 마주 앉아
시 한 수 낭송하며
깊이 음미하며 즐겁게 마셨네

대원각 기생의 춘정 벗던 소리
장엄한 범종에 가시고
사계四季에도 녹지 않는 눈
극락전 마당에 희다

자색 길상화가
향기롭게 피어나는 봄 경내엔
애틋한 파문이 심해心海를 흔들고 있었다

2013 0.4. 08

심해心海 : 마음의 바다
가릉빈가 : 불경에 나오는, 사람의 머리를 한 상상의 새.
자색의 길상화는 자색일 것이라는 느낌

발에 걸린 인연

동대문역사박물관역은
이사오라 헷갈린다

발에 걸린 여인은
시인이냐 물었고
남자는 시인 이었다

반대방향으로 가며
약속하고

하얀 시들이 열려 있는
백란에서
시성의 언어를 베껴 쓰며
세뱃돈을 선불하였지

세 번 쓰는 사각모에
황색 리본을 다는
발에 걸린 인연

2014. 12. 29

황금색

빨주노초
온갖 빛
다 섞은 빛은 하얀 빛

빨주노초
온갖 물감
다 섞은 색은 검은 색

고추 가지 호박 배추
온갖 것
내 안에 섞은 황금색

2008. 03. 28

느티나무 이야기(느티나무 분재를 보며)

우패 산 은향 곡
옥토에 발 담그어
우람하고 훤칠한 키 자랑하던 족속 이었다

원치 않은 입양
살만큼의 식선食扇
우아한 이어 삶
숨 막혀
흠뻑 젖어 춤추는 창 밖 부러웠다

귀애한다는 구실로
얽어맨 사슬의 자국은
천형처럼 각인된 주홍빛 전족 이었다

빈 총애를 할딱이며 핥으며
뒤틀리고 휘어 옹이진 몸뚱이
원치 않는 애무에 뭉그러졌다

산을 퍼가고 강도 돌아눕고 간
형벌 같은 가혹한 사랑에
눈요기감 된 잔인한 비애였다

2015. 10. 21

더덕구이

개나리 유채꽃을 환히 피워 올리던
수없이 많은 봄 풀어 놓고
겨울 담쟁이 벽 같이 얼크러진 얼굴

쓴 삶을 힘겹게 버티며 굽어버린 노파가
까뭇하게 주름져 찌든 손가락의
묵은 응어리를 하얗게 벗기며
기도 같은 향을 피운다

폐지같이 구겨진 지전으로
찌든 허물 벗은
한 봉지 아린 살점을 덜어내

지글지글 볶아지던
그의 생 같은 불을 지펴
성근 철망에 올렸다

핏빛 저민 구이에는
해금하는 생들이 싸하게 풍기고
질기게 씹히는 맛이 씁쓸하다

2014. 03. 22

해원 日圓

나무는 몸 안에 새기고
사람은 이마에 새긴다.

2013. 07. 03

해원 : 나이테

무게

햇볕도 바람도 무겁지만
세월은 더 무겁다

고독도 미련도 무겁지만
그리움은 더욱 무겁다

뼈골까지 감당하지 못해
관절이 쑤시던 욕심도 바램도
희망은 더더욱 무겁다

세압에 버티지 못해
쭈글쭈글 찌그러졌다

2105. 11. 03

예비자

예비자들이여
은밀히 행동하라

페로몬이 곤혹한 눈짓으로 현혹해도
허약한 의지를
흔들리는 이성을 꼬집어
충동의 덫에서 벗어나라

단추도 만년필도
핸드폰도 손에 들지 말고
시계는 소매 속에 깊숙이 넣어라

우리 예비자들은
예비자로 남아야 한다

거미줄보다 더 끈끈하고 탄력진
페로몬에 걸려들면
아담 이브가 되어
원죄를 갚아야 한다

2015. 10. 23

마지막 장미

10월의 마지막 장미
유혹은 붉은데

핏기를 잃어버린
잎이 누웠다

노시인은 갈색차를 마시며
안부를 물었다

2014. 10. 31

노시인 : 황금찬 선생님

희망 슈퍼

우리 동네 대로변에
희망 슈퍼가 있다
대게는 일주일에 허망 하지만

희망문 앞에는
희망을 한아름 맞은
운 좋은 일등도 있다지만

희망은 쉽게 열리지 않는다
수 없이 암호를 들이대지만
늘 틀린다

일주일에
꼭 한번은 열리지만
정확히 암호를 기술한 자만 열 수가 있다

나도 가끔은 수상한 날은
아무렇게 시치미를 따고
암호를 적어놓고 오지만
대게는 일주일이 허망하다

2014. 05. 09

눈 내리는 사도감 공원

눈 내리는 사도감
나무 밑 벤치에
책 읽는 소녀 머리 어깨에
눈이 담뿍 쌓이고

기둥 뒤에
언제부터인가 소년이
눈도 털지 않고 보고 있다

하늘에서 점점
어둠이 내리고
땅은 점점 희어져
둘의 시간은 정지 되었다

2010. 03. 22
사 도 감 : 말죽걸이에 있던 지방 사도들이 서울에 입성
　　　　　 하기 전 묵었던 숙소
사도감공원 : 서울 서초구 서초동에 있는 공원에 책 읽는
　　　　　 소녀와 은밀히 소녀를 보는 소년 동상이 재
　　　　　 미있게 배치되어 있다.

6부 비 오는 날의 앙상블

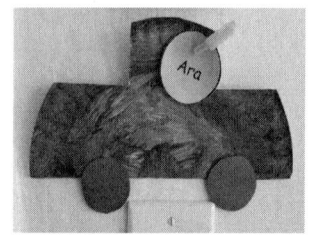

비오는 날의 앙상블   98
신   99
그런 날에   100
맹구   101
훔칠 뻔했다   102
처음처럼 하소서   103
업보   104
파편   106
흰 그늘   107
뚫었다   108
비대   109
양귀비   110
수직과 평행   111

비 오는 날의 앙상블

벽난로 위
우수 짙은 자화상 걸려 있고
통나뭇집 구석에는
은발의 피아니스트가
은빛 건반을 두드리고 있다

농익은 성악가는
뒷굽을 들어 올리며
온몸을 치받혀 올리며
높은 성음을 토하며 떨고

넋 잃은 시인은
허공에 지휘하며
촛농처럼 녹고
창 밖에는 비가 내리고 있었다

2010. 07. 16

신

오체투지의
해진 육신
고행의 무게는 버겁다

패인 등에
산하나 눌리어 있고
오향은 거웃 향보다 진하다

신身이
산을 벗으면
오체투지도 벗은 파계승

고행은 업業
수행이 닳아 벗는 완성은
윤회의 반환점

2015. 08. 29

오향 : 다섯 발가락의 향기

그런 날에

새 사람을 들이는 것은
성쇠의 갈림길이다

완장을 두르면 속성을 과시하고 싶고
칼을 쥐면 잘 잘리는 지 궁금하다

영하에는 물도 뼈가 돋지만
온유함에 허물어진 심수엔
뭇 생명들이 삶을 영광스레 이어간다

삶의 저쪽을 버리려 해도
건너엔 새로이 독초가 자란다

저쪽이 없고 이쪽만이 있는
함께 라는 쪽은 없을까

버려도 버려도
또 버릴 것이 생기는 것은 고통이지만

버리고 벗어 이젠 되었다 할
그런 날에 살고 싶다

2013. 10. 18

맹구

명구明求로
알았더니
맹구獴狗로구나
몸보신해야지

2015. 10. 13

훔칠 뻔했다

펄럭이는 꽃술이 예뻐서

2013. 06. 22

처음처럼 하소서

오랜 밀착
예의를 벗고
부끄럼도 걸치지 않는다

정 나누며
마음까지 맡겼더니
정이 쇠어 억세다

권력이 묵으면
악취가 격해지나
향기로 착각 한다

평생의 좌우명이
처음과 같음인 데
일출처럼 만났으면
일몰도 아름답기를

2014. 10. 11

업보

유전지는 이연釐然되고
증식 잘 된 수탈의 능력과
축적된 비계가 두텁다

심통과 곤혹스런 수단이 풍부하고
급소를 지속적으로 침격侵擊한다

그 때나 지금이나
민족도 어른도 알 바 아니고
욕설도 폭력도 사양하지 않으며
돼지 얼굴은 무색하다

고희에 이런 악질
한 번만 만나서 다행하고
적 없이 살자함은 중원 통일보다 어렵다

수비에 급급한
허약함을 인식하며
무거운 양들의 침묵 속
초가楚歌의 환청이 들린다

너의 성공은 파멸

너절한 악취 봉할 수 없고
사채업자의 빚은 장기로 갚을 수 있지만
업보라는 것은 무엇으로 갚을까

2015. 08. 15

파편

어떻게 박혔는지
살 속이 따끔따끔 짜증을 유발하며
때 없는 자극
독사로 변해가는 내가 두렵다

오늘 내일 미루어가며
차마 칼을 들이대지 못하고
아픔만 크게 곪아 안으로 번진다

생각해 주는 이마다
늦기 전에 수술을 권하지만
생살을 찢어내는 일에
용기를 내지 못했다

허약한 참을성이 무너지고
살을 도려내는 가슴이 아리다
진주처럼 둥글게 삭혀내지 못하고

2015. 06. 17

흰 그늘

생땍쥐베리 별에서
우리 별로 왔을까

목화 같이 맑은
그늘도 하얀
둘

모자라게 벌어서
넉넉하게 쓰며
마주 웃으며 산다

2014. 07. 25

뚫었다

오랜 체증을 뚫었다
역류하며 오물을 뿜어내던
막힌 체증을 뚫었다

내시경마저 삼켜버려
개복수술을 해야 했다

단단한 표피를 부시고
벌건 살을 덜어 내고서야
숙증宿症에 도달할 수가 있었다

켜켜이 쌓인 곱체를 훑어내
산바람도 통하고
오예지물이 콸콸 흘렀다

2015 ,11. 03

꽉 막혀 역류하는 하수구를 뚫고
숙증 : 숙증宿症 오래된 증상
곱체 : 곱하기로 체하다

비데

즐거움 뒤
찌꺼기는
닦아도 닦아도 찜찜하고

통제할 수 없는 향은
꺽꺽 가시처럼
사변思辨이 걸리는데

감대를 자극하며
한참을 빨아 주니
움찔 움찔 다가 들고

접근해 오는 온기를
음미한 결말의 쾌미
뽀송한 상쾌감

2007. 11. 22

양귀비

꺾지 마
헛가지를 세우고

목말랐던 연정戀情
태방에 모아
이차돈의 피가 고였다

독기가 서린 한
영혼을 저주하며
혼미한 사랑을 좀먹으며
육신을 녹인다

2016. 07. 20

수직과 평행

천둥치며 쏟아내던
하늘 갠
평행의 바다엔

멀미를 앓던
만선의 흔적
비릿하다

2013. 07. 02

7부 벼룩시장 골프채

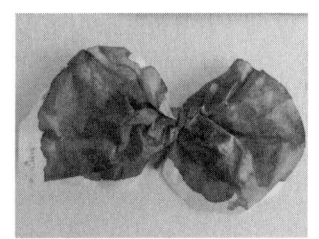

벼룩시장 골프채   114

벼룩시장   115

동묘역   116

늙은 라디오   117

두물머리   118

담쟁이 사화   119

경상우도병마절도사 송암 김면 도대장   120

아직도 못 잊어 그 계집아이   121

불명예   122

잘못   123

벼룩시장 골프채

하얀 포탄을 쏘아대며
푸른 고지를 공략하던
출전 전적이 문신처럼 새겨진 몸체에는
가문의 문장이 흐릿하게 남아 있고
남루한 색채를 덮고 몸체를 기대어 있었다

우쭐하게 치솟던 자존심
아슬아슬하게 비켜가던 아쉬움도 한 때였을
환호의 날들을 반추하며
실눈의 빛을 갈구하고 있었다

대왕의 폐를 제시하여
청산의 절차를 치루고
엄숙한 기도처럼 손잡아 주었다

수시로 찌르던 환상 통을 썼고
반짝 반짝 으스대던 거만도 버린
겸손한 경륜의 빛으로
갈채의 날을 입맞춤하며 서게 하리라

2014. 07
대왕의 폐 : 만원짜리 지폐

벼룩시장

동묘역에는
시간을 듬뿍 먹고 익은
고풍의 품격을 나열하고 섰다

지난 시간만큼 슬프고
무안한 헐값
까닭도 연유도
상흔으로 간직한 채

삶을 재단하던 시간도
승방에 거처했을 향기도
낡은 감정 따위들을 묶어
흐른 시간만큼 헐하다

시간을 값으로
깎기도 얹기도 하면서
시간들이 갯벌처럼 질퍽하다

동묘역

숱한 애깃거리 아린 삶이
주홍글씨처럼 각인되어
처연히 쓸려와 철벅거리는
벼룩시장에 갔다

노숙자처럼 다듬기 없는
늙은 추억들이
갯벌처럼 널려 있고
의탁을 걸구乞求하며 깔려 있다

낡아서 값지고 헐한
가끔은 속앓이 심한
그놈을 살 때도 있다

때론 멀리 아라사 여인과
때론 고려의 천년 빛을
때론 선인의 표정과 만난다

귀중한 분신으로 군림하던
으쓱대던 자존심을 꺾고
자신마저 버려 초연하다

2016. 02. 17

늙은 라디오

벼룩시장에서
세색이 묻어 있는
늙은 라디오를 입양했다

목이 쉬었는지
묵비권을 행사하는 그를
병원에 데려가 수술을 하고
약을 먹였더니 조잘 거린다

밤늦게까지 놀아주고 재웠더니
아침에 홀로 노래를 부른다

지가 살던 곳에서
딴 세상에 온 줄도 모르고
습관을 버리지 못하고
옛 주인을 찾고 있었다

2012. 09. 27

두물머리

북한강 남한강이 양평에 이울려시
한강이 되는 것은 필연적 예언이다
조만간 남북통일이 이뤄질 것 같구나

2014. 10. 09

담쟁이 사화

원의를 벗어버린 춘화도春畵圖 수줍음을
주명의 따가운 날 녹화綠畵로 채워놓고
달거리 붉은 마술 산하에 주화朱畵 입마
한해를 마무리하듯 동화冬畵책을 남겼다

2016. 01. 04.

원의垣衣 : 담쟁이
주명朱明 : 여름
채우다 : 차게 하다

경상우도병마절도사 송암 김면 도대장

임진년 왜구들이 부산을 함락하고
백성을 참살하는 최대의 국난 앞에
김면이 의병군단을 조성하여 싸웠다

나라가 위태하니 분연히 일어서서
8인의 친족들과 의병을 일으키니
삼남의 젊은이들이 구름처럼 모였다

선봉장 의재 장군 김홍한 배치하고
좌우에 곽재우와 정인홍 배치하여
당당히 진용을 갖춰 낙동강을 지켰다

김면은 고령김문 임진란 의병대장
관의병 통솔하여 호남을 보전하고
천하의 포악무도한 왜놈들을 멸했다

2015. 03. 25
　　柏堂 金基鎭 詩人 奉書

아직도 못 잊어 그 계집아이

아직도 잊지 못한 그 어린 계집아이
모두가 기억하지 못하고 잊었지만
나는 왜 애석해 할까 떠나버린 소녀를

2010. 04. 06

불명예

선비의 행동거지 불명예스럽다고
응징을 한답시고 명분을 내세워서
더더욱 불명예스런 어리석음 범했네

2015. 02. 26

잘못

잘못을 덮으려고 자꾸만 잘못 하니
언제나 악인들이 수많이 그러했고
아서라 끝에 가서는 후회해도 무용타

2015. 02. 26

8부 일월

일월—月   126

우리   127

태초의 우주인   128

그날   129

희망   130

기다림   131

앙다문 예절   132

감   133

가을 편지   134

길   135

무료   136

부러운 것   138

은빛   139

곰   140

꽃바람   **141**

평론   **142**

일월一月

해와日 달月
한해 한 번
일월日月에 만나
밝은明 한해 연다.

우리

우리는
나요 해도
알만 한 사람
맘 통하는 사이.

2015. 02. 04

태초의 우주인

포의수 무중력 속
유영을 하던
태반에 우주인.

블랙홀
빨려들어
화이트홀로 분만된 우주인.

2016. 02. 17

그날

어머니
찾아 가면
알아보실까
백발 된 젖둥이.

어머니
찾아와도
내 모르는데
엄니는 아실까.

2014. 06. 26

희망

희망이
희망 먹고
또 희망 먹어
절망이 되었다.

2015. 12. 19

기다림

십 년도
이십 년도
희망이라면
기다릴 수 있다.

2002

앙다문 예절

앙다문
예절밖엔
둥근 살점이
유혹으로 붉다.

2014. 01. 19

감

진홍의
농익은 빛
단내가 짙어
터질 듯한 색미.

2013. 06. 19

가을 편지

황금색
가을 편지
한 장 받았다
은행에서 보낸.

2012. 11. 09

길

푸른 등
붉은 등은
가라 서라며
신호를 보낸다.

무작정
신호 따라
가고 서면은
나의 길 찾을까.

칠십을
세며 살아
가고 오기도
수없이 했건만.

아직도
도달 못해
해매고 있네
나의 길 못 찾고.

2016. 07. 03

무료無料

1. 무료가 아니었고 무료 같이 싼 벼룩시장 물건

2. 무료과 라고 하는 과는 없지만 별의별과 있다

3. 무료니 공짜이니 떠들어 대며 천 원 천 원 한다.

4. 무료는 아니지만 쓸 만한 옷이 한 벌에 이천 원

5. 무료도 무료처럼 보일 뿐인지 숨은 데가 있다

6. 무료다 생각하고 헌 책을 샀다 그리운 성산포

7. 무료라 생각해도 무료가 아닌 무언가 있었다.

8. 무료로 구경해도 나무라는 이 아무도 없었다.

9. 무료를 달래려고 동묘 역에 가 한 시간 헤맸다.

10. 무료면 양잿물도 좋다고 마셔 삶이 위태롭다.

11. 무료에 가까워서 무심히 샀던 헌 책이 쌓였다.

12. 무료엔 대가 없다 생각하지만 대가가 있었다.

13. 무료와 대가성은 판별하기가 어려울 때 있다.

14. 무료을 쓰고 보니 맞춤법 틀려 빨간 줄 쳐진다.

15. 무료은 말이 안 돼 마지막으로 만들어 보았다.

16. 무료이 라는 말은 만들 수 없어 고민 많이 했다.

17. 무료인 공기라도 함부로 쓰면 안 되는 것이다.

18. 무료일 뿐이라고 대가성 없는 완전 무료 없다.

19. 무료한 그런 날엔 무료차 타고 벼룩시장 간다.

20. 무료히 한 시 넘긴 벼룩시장엔 삶이 쏟아졌다

2016.. 02. 28

부러운 것

돈 없어
불편해도
부럽지 않고
시는 잘 쓰고파.

시인이
부러운 건
금은金銀 아니고
시 잘 쓰는 사람.

2016. 02. 06

은빛

하루의
노을빛은
서쪽에 걸린
노오란 황금빛.

인생의
노을빛은
머리카락에
은빛으로 오네.

곰

춘곡에
꿀 따러 가
벌만 쏘이고
쫓겨 돌아왔다.

2013. 07. 15

꽃바람

춘곡에
꽃이 피어
봄꽃과 나비
꽃바람 피웠다

2013. 07. 22.

《한마디》

김종상 시인

내가 좋아하는 김기진 회장은 천성이 지나치게 겸손한 분입니다. 시를 써온 지 오래 인데도 '詩歌 흐르는 서울 '을 주도하며 자신의 작품보다 남의 시의 낭송보급에 전력해왔습니다. 그런 김회장이 여러 사람의 권유로 시집을 펴내게 되었으니, 참으로 반가운 일이라 큰 박수를 보냅니다.

詩歌흐르는서울 고문 **김송상** 시인

김중위 시인

시인을 많다 그러나 시인은 그리 많지 않다. 시인은 천재의 소임이다. 김기진 시인은 천재시인이다. 그에게는 온천지가 시다 외우는 시만도 수 천수 누가 감히 그의 머릿속 시를 따라올까 만날수록 놀랠만한 시인이다.

詩歌흐르는서울 고문 **김중위** 시인
(4선의원 초대 환경부 장관 역임)

남궁연옥 시인(전, 작은뜰 회장)

올 여름은 폭우에 폭염에 폭 자만 들어도 폭 쓰러질 것 같았지요. 그 더위를 견디며 작품집을 내신다는 김기진 회장님께 박수라도 드려야겠어요. 그렇잖아도 미소를 머금은 듯 언제나 무던하신 표정으로 하시는 일의 끝맺음은 깔끔하시니 까요. 많은 회원에게도 한 사람인 듯 자상하시고 섬세하시며 잘 이끌어 주시지요. 물론 혼자계실 땐 창작에 깊이 몰두하시면서 문학 단체를 위해선 희생도 감내하실 테지만 언제나 불편한 기색보다는 반가운 그 모습이 단 한줄, 한편의 명작을 만나는 기분이랍니다. 부디 우리 문단의 대선배님들 문우들을 위해 그 희생의 정신 영원해 주시길 부탁드리면서 다시 한 번 시집 출간을 축하드립니다.

추천서 **강은혜** 시인 천지 시 낭송회 회장

먼저 어린 바다란 시 제목이 풋풋하고 푸성귀 같이 아삭하고 싱싱한 맛을 느끼게 해주는 특이한 제목에 매료 됩니다. 시집을 낸다는 것은 심혈을 기울이지 않으면 안 되는 어려운 작업입니다. 바쁜 와중에도 시집을 낸다니 부럽고 대단하다는 생각이 듭니다. 나의 어린 바다란 어린 시절의 그 티 없이 맑은 바다 지금은 갈수 도 없는 바다 어쩌면 가기를 바라는 간절한 바람 샘물처럼 아침 이슬 맺힌 청포도처럼 해맑은 얼굴 이젠 굵은 줄기 익어 매달린 가을 감 세월은 거꾸로 가지 못해 폭풍을 일으켜도 다시 풀썩 주저앉는 바람 이젠 손을 잡자 시를 읽으면서 어디에 숨겨 놓았을까 하는 생각을 하면서 이 시집은 읽으면 욕심이 사라지는 신기루 아닐까 하는 생각으로 이 시집을 추천합니다.

이상은 시인

내가 만난 김기진 시인님은 양극이 분명하다·가장 전투적이며 가장 인간적인 사람·그분의 삶은 지금도 모험중이다. 시간이 흐르면 어디서 또 다른 그를 만날지 삶을 설레이게 하는 그만의 특별함을 늘 응원하고 싶다·(이상은)

김재희 시인

김기진 선생은 향기가 있는 시인이다. 언제 어느 곳이든 무엇이든 시를 쓰고, 그의 시와 행적에는 향내가 스며있다. 그의 소신은 의리의 기준 안에 있고, 거취에는 사소한 일에도 원칙이 있다. 건널목을 건널 때도 횡단보도 선에서 벗어나지 않으며, 한담 중에도 남의 험담은 입에 담지 않는다. 치례는 하지 않아도 격이 있고 품위가 있다. 색 바랜 청바지를 입기도 하고 한복을 차려 입기도 하고 강단에서는 단정한 넥타이 정장을 한다. 다 잘 어울린다.

그리고 시인이기 위해서는 뭇사람들로 부터 귀감이 되는 아름다운 삶이어야 하고, 세상을 바로 세우는데 주어진 자기 몫을 해야 한다는 것이 몸에 배어 있는 사람이다. **마치 대유(大酉)를 우선하는 정갈한 조선 선비와 같다. 그는 나에게 시를 가르쳐 준 동갑내기 스승이기도하다. 고희에 만난 마지막 스승이자 친구이다. 그런 그가 나는 좋다**

주성완 그 은덕 속에서

　김기진 선생님의 제3시집 『어린 바다』 발간을 진심으로 축하드립니다.

　선생님의 제3시집 [어린 바다]에 찬조 글을 올리게 됨을 크게 기뻐하고 영광스럽게 생각하는 바입니다. 그리고 이 지면을 부족한 저에게 허락해 주신 선생님께도 깊은 감사를 드립니다. 선생님께서는 여러 단체의 일을 하심에도 불구하고 저와 격의 없이 지내시며 늘 저에 관한 모든 일들을 함께 해주시는 고마우신 분입니다. 그 은덕에 부족한 저도 등단도 하고 시집도 냈는데 선생님께서 옆에서 잡아 주시고 이끌어 주시지 않았다면 도저히 불가능 일이었습니다. 선생님은 '詩歌흐르는서울' 이란 낭송회를 이끄시면서 시를 알리고 이 나라의 문화를 한 차원 끌어 올리시는데 많은 애를 쓰시고 계십니다. 이러한 일로 바쁘시는데도 저 말고도 어려운 장애문인 지망생들을 도우시는 것을 보게 되는데 정말 감동을 많이 받습니다. 보통 사람 같으면 그 같은 단체를 이끌면서 바쁘다는 핑계로 저 같은 장애인들을 모른 체 할 수 있습니다. 아니, 핑계가 아니죠. 한 낭송회를 이끌면서 우리 문화를 시의 문화로 문학의 문화로 발전시키는데 어려움이 많을 텐데 어려운 이웃을 돌아보는 따스한 마음을 갖기란 그리 쉽지 않습니다. 그럼에도 불구하고 장애인들을 향한 보살핌은 진정한 헌신으로 늘 어려운 장애인과 함께 하십니다.

　선생님의 시들은 독특하면서도 정감어립니다. 이 글을 쓰다 이메일로 선생님의 이 번 시집의 표제 시, 『어린 바다』를 만났습니다. 손짓해 오는 어린 시절을 회상하시며 건너지 못하는 바다 저편에서 손짓하는 아이를 보는 듯한 기분이 듭니다. 그러시면서 갈 수 없는 시절을 손자를 안아 주시면서 위안을 삼으시겠다는 자상하신 그 마음이 잘 드러나 있는 시인 것 같습니다. 그리고 선생님의 제2시집 67쪽 『박쥐』를 보면 젊은 시인들이 주로 쓰는 시인 늦한 시를 쓰신다는 것을 느끼게 됩니다. 얼마나 많은 책과 만나시고 계시는 지를 느끼게 하는 詩가 아닐 수 없습니다. 어두운 곳을 날기 위해서 눈을 감고 초음을 감지하며 난다는 포유류 우리의 어두운 인생을 혼란과 갈등 속에 살아가는 인생들의 모습을 표현하신 것 같습니다. 박쥐 새끼를 낳아 젖을 먹이면서 날개를 가졌고 그 날개를 가졌지만 밤, 어두운 굴속을 짧고 낮은 소리라도 쫓아서 나는 새, 박쥐. 겉보기에는 우리 인생과 완전히 다르다고 할 수 있지만, 내면적으로 아 이러니한 우리 인생과 많이 닮은, 박쥐를 만나 봤습니다.

감상문인지 독후감인지 모를 선생님의 시에 대한, 제 느낌을 감히 몇 자 적어 봤습니다.

시인으로서만이 아닌 하나의 소중한 인연으로서의 동반자이신 선생님의 삶, 자체도 아름다운 시가 아닌가 싶습니다. 앞으로도 우리에게 큰 행복의 길라잡이가 되어 주시고 선생님도 사랑하는 가족과 행복한 삶 누리시길 기원합니다. 또 좋은 시로 계속해서 독자에겐 큰 감명 주시기를 기원합니다. 감사합니다.

김기진 제3시집
어린 바다

인쇄 2017년 12월 20일
발행 2017년 12월 25일

지은이 김기진
발행인 김기진
편집인 김기진
펴낸곳 문예출판
등록번호 제 2014-000020호

14202 경기도 광명시 오리로1004길 8,
젤라빌리지 B02호
Mobile 010-5295-9870, 010-4870-9870
전자우편 evernew-co@hanmail.net
1947kjk@naver.com
ISBN 979-11-88725-00-7
값 7,000원